BEI GRIN MACHT SICH IHR WISSEN BEZAHLT

- Wir veröffentlichen Ihre Hausarbeit, Bachelor- und Masterarbeit

- Ihr eigenes eBook und Buch - weltweit in allen wichtigen Shops

- Verdienen Sie an jedem Verkauf

Jetzt bei www.GRIN.com hochladen und kostenlos publizieren

Christian Bitzer

Leistungsphysiologie – Grenzen der menschlichen Ausdauerleistungsfähigkeit

GRIN Verlag

Bibliografische Information der Deutschen Nationalbibliothek:

Die Deutsche Bibliothek verzeichnet diese Publikation in der Deutschen National-
bibliografie; detaillierte bibliografische Daten sind im Internet über http://dnb.d-
nb.de/ abrufbar.

Impressum:

Copyright © 2008 GRIN Verlag GmbH
Druck und Bindung: Books on Demand GmbH, Norderstedt Germany
ISBN: 978-3-640-36317-9

GRIN - Your knowledge has value

Der GRIN Verlag publiziert seit 1998 wissenschaftliche Arbeiten von Studenten, Hochschullehrern und anderen Akademikern als eBook und gedrucktes Buch. Die Verlagswebsite www.grin.com ist die ideale Plattform zur Veröffentlichung von Hausarbeiten, Abschlussarbeiten, wissenschaftlichen Aufsätzen, Dissertationen und Fachbüchern.

Besuchen Sie uns im Internet:

http://www.grin.com/

http://www.facebook.com/grincom

http://www.twitter.com/grin_com

**Institut für Sport und
Sportwissenschaft der
Universität Freiburg**

Wintersemester 2008/09

Seminar: Innere Medizin

Leistungsphysiologie – Grenzen der menschlichen Ausdauerleistungsfähigkeit

Vorgelegt von:

Christian Bitzer

Freiburg, den 12. November 2008

Inhaltsverzeichnis

1. Leistungsbestimmende Faktoren im Ausdauersport

Die Ausdauerleistungsfähigkeit wird prinzipiell immer durch die Energiebereitstellung, also die ATP-Verfügbarkeit bzw. -Produktion, begrenzt (vgl. Dickhuth et al., 2007m S.13, Guidi et al., 2006, S.350).

Alle Systeme, die direkt an der Energiegewinnung beteiligt sind, oder die diese bedingen, können leistungslimitierend wirken (vgl. Dickhuth et al., 2007 S.13).

Diese Systeme sind:

- Systeme des Sauerstofftransports bzw. maximale Sauerstoffaufnahme
- Energiespeicher
- Stoffwechsel der Muskelzelle (Mitochondrien, Enzyme) (vgl. Dickhuth et al., 2007, S.13)

Faktoren des Sauerstofftransports sind die Lungendiffusionskapazität, das maximale Herzzeitvolumen, die Sauerstofftransportkapazität des Blutes und die Kapillarisierung der Muskulatur (vgl. Dickhuth et al., 2007, S. 13).

Die Energiespeicherung findet in der Muskulatur und in der Leber in Form von Glykogen und in Form von Fettdepots statt. Bei längeren intensiven Belastungen (ab 90 Minuten) ist die Größe der Glykogenvorräte leistungslimitierend (vgl. Grosser et al., 2004, S.122). Da die in Fett gespeicherten Energievorräte des Körpers sehr groß sind, sind sie in aller Regel nicht leistungsbegrenzend (vgl. www.sportsmotivation.de)

Die Geschwindigkeit der Stoffwechselprozesse in den Muskelzellen beruht auf der Größe und Anzahl der Mitochondrien und der Konzentration bestimmter Enzyme (vgl. Hohmann et al., 2007, S.57). Sie wird allerdings darüber hinaus durch die Leistungsfähigkeit der Sauerstofftransportsysteme (vgl. Guidi, 2006, S. 351) und der Größe der Energiespeicher bedingt (vgl. Dickhuth et al., 2007, S. 13), da das Sauerstoff- und Glykogenangebot eine Vorraussetzung für die Abläufe des intrazellulären Stoffwechsels sind (vgl. Guidi et al., S.351). Im Idealfall wären Energiespeicher und Sauerstofftransportsysteme also so stark adaptiert, dass immer genügend Glykogen und Sauerstoff in der Muskulatur vorhanden wäre, um eine möglichst große Leistung des Zellstoffwechsels zu ermöglichen (vgl. Dickhuth et al., 2007, S. 13).

2. Adaption der leistungslimitierenden Faktoren und deren Grenzen

Sauerstofftransportkapazität:

Wie oben bereits aufgeführt, wird die Sauerstofftransportkapazität bestimmt durch die Lungendiffusionskapazität, das maximale Herzzeitvolumen, die Sauerstofftransportkapazität des Blutes und die Kapillarisierung der Muskulatur (vgl. Dickhuth et al., 2007, S. 13).

Adaption des Herzens:

Regelmäßige Ausdauerbelastungen führen durch Hyperthrophie der Herzmuskulatur sowie durch Dilatation (Erweiterung) der Herzkammern zu einer Erhöhung des Schlagvolumens, was eine Steigerung des Herzminutenvolumens ermöglicht (vgl. Weineck, 2004, S.133). Darüber hinaus kommt es zu einer Anpassung Blutversorgung der Herzmuskulatur (vgl. Weineck, 2004, S.136). Die Vergrößerung des Herzens entsteht dabei hauptsächlich durch die Dilatation.

Durch die Dilatation des Herzens wird die Herzarbeit wesentlich ökonomisiert, da bei einem größeren Volumen für die gleiche Auswurfmenge eine geringere Faserverkürzung nötig ist.

Die Anpassung des Herzens ist allerdings beschränkt. Der Grenzwert für die Masse beträgt etwa 7 bis 7,6 g/kg Körpergewicht (bei 80kg 560 bis 608 Gramm); das Herzvolumen erreicht in der Regel bis zu 1300 ml (vgl. Weineck, 2004, S. 134) und damit ein Herzminutenvolumen von 40 Litern (vgl. Markworth, 1997, S.161).

Adaption der Lunge:

Regelmäßiges Ausdauertraining führt unter anderem zu einer Vergrößerung des Atemzugvolumens. Dies bedeutet gleichzeitig eine Ökonomisierung der Atmung: Zum einen ist der Energieaufwand bei größerem Atemzugvolumen geringer, als wenn die gleiche Steigerung der eingeatmeten Luftmenge durch eine Erhöhung der Atemfrequenz erreicht würde, zum anderen wird die Totraumventilation prozentual geringer, was ebenfalls einen Vorteil gegenüber einer höheren Atemfrequenz darstellt. (Die in den Totraum eingeatmete Luft muß zwar bei jedem Atemzug bewegt werden, ihr Sauerstoff kann aber nicht genutzt werden, ein prozentual hohes Totraumvolumen senkt also die Effektivität der Atmung).

Darüber hinaus führt Ausdauertraining zu einer Hyperthrophie der Atemmuskulatur (Zwischenrippnmuskulatur, Zwerchfell) (vgl. Weineck, 2004, S.210f).

Das Atemminutenvolumen kann durch diese Anpassungen bei Ausdauertrainierten 250 L/min erreichen (vgl. Weineck, 2004, S.206).

Adaption des Blutes:

Ausdauertraining führt zu einer Steigerung des Blutvolumens, dies geschieht durch eine Steigerung des Plasmavolumens und des Zellvolumens (vgl. De Marées, 2003, S.335). Das Blutvolumen steigt um bis zu 40 % (vgl. Weineck, 2004, S.163). Der Anteil an der Steigerung des Blutvolumens durch die Erhöhung des Plasmavolumens beträgt zwei Drittel, der durch die Erhöhung der Erytrozytenzahl ein Drittel (vgl. De Marées, 2003, S.335).

Dies hat zur Folge, dass durch die höhere Erytrozytenzahl die Sauerstofftransportkapazität steigt, gleichzeitig verbessern sich die Fließeigentschaften des Blutes durch die prozentual größere Plasmamenge (De Marées, 2003, S.335). Außerdem verbessert sich die Verformbarkeit der Erytrozyten, was die Fließeigenschaften ebenfalls positiv beinflusst und zu einer Erleichterung der Herzarbeit und einer besseren Durchblutung in den Kapillaren führt (vgl. Weineck, 2004, S.165).

Die hier genannten Adaptionen von Blut, Lunge und Herz ermöglichen bei austrainierten Sportlern eine Sauerstoffaufnahme von 5-6 L/min (vgl. Weineck, 2004, S.212).

Adaption der Kapillaren:

Chronisches Ausdauertraining führt zu einer Erhöhung der Kapillarenzahl pro Muskelgewichtseinheit. Dadurch erhöht sich die Austauschfläche zwischen Muskelzellen und Blut und es kann mehr Sauerstoff aus dem Blut in den Muskel diffundieren. Bei Topathleten können bis zu dreimal mehr Kapillaren pro Gewichtseinheit vorkommen (Hohmann et al., 2007, S.57).

Adaption der Muskulatur:

Ausdauertraining führt zu einer reversiblen Umwandlung von schnellzuckenden in langsamzuckende Muskelfasern; wird das Training allerdings längere Zeit unterbrochen, bildet sie sich wieder zurück.

Auf zellulärer Ebene finden darüber hinaus Anpassungen statt. Diese sind eine Erhöhung der Enzymkonzentration und die Verbesserung der oxidativen Kapazität der Mitochondrien. (Hohmann et al., 2007, S.57).

Adaption der Energiespeicher

Als Anpassung an Ausdauertraining vergrößert sich der Glykogengehalt in den Muskelzellen. Der Glykogengehalt der Muskeln kann sich bis zu verdoppeln (vgl. Markworth, 1997, S.72).

3. Einfluss des Alters auf die Ausdauerleistungsfähigkeit

Wie oben beschrieben, ist die maximale Sauerstoffaufnahme eine der entscheidenden Größen der Ausdauerleistungsfähigkeit. Ihre Determinanten verändern sich im Alter. So sinkt die maximale Herzfrequenz und das Schlagvolumen. Gleichzeitig sinkt auch die Leistungsfähigkeit der Lunge, da die Gasaustauschfläche vermindert und die Atemmuskulatur schwächer wird (vgl. De Marées, 2003, S. 528). Außerdem verändern sich die Kapillaren und der Grad der Sauerstoffausschöpfung wird geringer. Die maximale Sauerstoffaufnahme sinkt also. Im Mittel beträgt ihr Rückgang bei Männern 1% pro Jahr und bei Frauen 0,8% pro Jahr (vgl. Weineck, 2007, S.530). Parallel hierzu verläuft auch der Rückgang der maximalen Leistungsfähigkeit, er beträgt (bei Ergometertests) 10 bzw. 8% pro Jahrzehnt.

Im Alter kommt es über die oben genannten Einschränkungen zu funktionelle Einschränkungen des Bewegungsapparats. Die Kraft der Muskulatur sinkt. Außerdem nimmt die Dehnbarkeit und Elastizität der Muskeln ab, was die Verletzungsgefahr erhöht.

Im passiven Bewegungsapparat findet eine Atrophie statt. Knochen, Bänder und Gelenke werden weniger flexibel und verletzungsanfälliger, außerdem werden sie schlechter versorgt. (vgl. De Marées, 2003, S.527 f.). Dies muss beim Training im Alter berücksichtigt werden.

Allerdings ist die Ausdauer auch im Alter noch trainierbar, wenn auch nicht mehr so stark wie in der Jugend. Durch regelmäßiges Training kann der Rückgang der Leistungsfähigkeit zumindest wesentlich verlangsamt werden (vgl. De Marées, 2003, S .527). Darüber hinaus wird vermutet, dass körperliches Training die Alterungsprozesse des Körpers im Allgemeinen verlangsamt (vgl. Weineck, 2004, S.427).

4. Unterschiede zwischen Männern und Frauen

Frauen sind im Mittel 10-15 cm kleiner und 10-20 kg leichter als Männer. Außerdem sind bei Frauen die Extremitäten in der Regel kürzer und der Rumpf länger. Dies ist bei Laufdisziplinen ein Nachteil, da der Körperschwerpunkt niedriger liegt als beim Mann (vgl. Weineck, 2004, S.458).

In Schwimmdisziplinen hingegen ist es ein Vorteil, da die Beine weniger stark absinken und die Lage im Wasser besser ist. Weitere Merkmale weiblicher Körper sind beim Schwimmen darüber hinaus von Vorteil: So ist die Körperdichte bei Frauen geringer, da der weibliche Knochenbau leichter ist und der Fettanteil um etwa 10% höher liegt als beim Mann, was den Auftrieb steigert.

Die relative Größe des Herzens (Gramm pro Kilogramm Körpergewicht) liegt beim Mann höher als bei der Frau, außerdem liegt seine Erytrozytenzahl pro Volumeneinheit Blut und die Hämoglobinkonzentration im Blut höher (um etwa 25 %) (vgl. Weineck, 2004, S.463). Die Sauerstofftransportkapazität des Blutes ist beim Mann also höher als bei der Frau. (vgl. Weineck, 2004, S.463). Darüber hinaus ist die Sauerstoffausschöpfung bei Frauen geringer als bei Männern. (vgl. Weineck, 2004, S. 464).

Aufgrund dieser Faktoren liegen die Werte für die maximale Sauerstoffaufnahme bei Frauen mit etwa 32-40 ml/kg Körpergewicht niedriger als bei Männern mit 40-55 ml/kg Körpergewicht.

Bei langandauernden Belastungen ist die Mobilisierung von Fettsäuren bei Frauen besser als beim Mann, außerdem liegt ein größerer Vorrat an Fett vor. (vgl. De Marées, 2003, S.524). Deshalb sind Frauen für ultralange Strecken besonders geeignet.(vgl. Weineck, 2004, S.469).

Diese Zusammenhänge bewirken einen Unterschied bei der Leistungsfähigkeit von Männern und Frauen. Bei den Weltrekorden in leichtathletischen Ausdauerlaufdisziplinen liegt die Leistung von Frauen zwischen 11,6 und 12,7% unter der der Männer (vgl. Weineck, 2004, S.468); in Schwimmdisziplinen ist der Unterschied weniger ausgeprägt.

Beim Ausdauertraining der Frau ist zu beachten, dass hochintensives Training häufig zu Zyklusstörungen führt. Bei einem Laufumfang von 30 km pro Woche liegt die Prävalenz bereits bei 20%, bei Ausdauerhochleistungssportlerinnen bei 60 %. Die Ursache hierfür ist der durch Ausdauertraining geringere Körperfettgehalt. Sinkt er unter 12%, hört die Regel auf (vgl. Weineck, 2004, S.470).

5. Entwicklung der Weltrekorde

In den letzten 100 Jahren gab es eine konstante Verbesserung bei den Weltrekorden in Sprint- und Ausdauerdisziplinen. Die Verbesserungen sind zurückzuführen auf Verbesserungen des Trainings und der Technik (z.B. Schuhe, Laufbahnen), auf Veränderungen des Phänotyps (z.B. Durchschnittsgröße) durch veränderte Ernährung und Umweltbedingungen und die Rekrutierung von Sportlern aus größeren Gesamtpopulationen, wodurch genetisch besonders begünstigte Läufer an Wettkämpfen teilnehmen können. Darüber hinaus müssen teilweise unerlaubte Manipulationen angenommen werden, so zum Beispiel der Einsatz von Steroiden in Sprintdisziplinen seit den 70er Jahren (vgl. Dickhuth et al., 2007, S.38) und von EPO in

Ausdauerdisziplinen seit den 90er Jahren (vgl. Guidi et al., 2006, S.354).

Es ist allerdings anzunehmen, dass der Einfluss der genannten Faktoren in der Zukunft geringer werden wird, deshalb wird angenommen, dass sich die Leistungen an einen Grenzwert annähern. Ein Hinweis auf diesen Grenzwert ist, dass die Zuwächse der Weltrekorde seit etwa 30 Jahren abnehmen. So lag der Zuwachs der Leistungen in den vergangenen 45 Jahren bei 3-5%, hiervon wurden in den letzten 30 Jahren allerdings nur 1-2% erreicht (vgl. Dickhuth et al., 2007, S.38). Mit einer signifikanten Steigerung der Leistungen ist nur durch die Anwendung verbotener Methoden wie Gendoping zu rechnen.

Dieser Grenzwert erklärt sich durch die begrenzte Anpassungsfähigkeit der zu Beginn genannten Determinanten der Ausdauerleistungsfähigkeit.

6. Zusammenfassung

Die begrenzenden Faktoren der Ausdauerleistungsfähigkeit sind die maximale Sauerstoffaufnahmekapazität, Größe der Energiespeicher in Muskulatur und Leber und der Stoffwechsel der Muskelzellen. Die maximale Sauerstoffaufnahme ergibt sich aus der Leistungsfähigkeit von Herz und Lunge, der Sauerstofftransportkapazität des Blutes und der Kapillarisierung der Muskulatur. Alle begrenzenden Faktoren der Ausdauerleistungsfähigkeit sind trainierbar, allerdings nur bis zu einem bestimmten Grad.

Die Ausdauer sinkt mit dem Alter aufgrund einer Atrophie der genannten leistungsbestimmenden Faktoren. Ihr Rückgang kann durch regelmäßiges Training allerdings wesentlich verlangsamt werden. Beim Training müssen allerdings funktionelle Einschränkungen beachtet werden.

Unterschiede in der Leistungsfähigkeit von Männern und Frauen entstehen durch anatomische Besonderheiten und durch Unterschiede in Körperkomposition und im Stoffwechsel von Männern und Frauen. So liegt die maximale Sauerstoffaufnahme bei Frauen absolut und relativ (ml/kg Körpergewicht) niedriger als bei Männern. Bei ultralangen Strecken sind Frauen hingegen aufgrund besserer Mobilisierung von Fettsäuren im Vorteil. Beim Leistungs- und Hochleistungstraining von Frauen besteht die Gefahr von Zyklusstörungen.

Die Entwicklung der Weltrekorde lässt den Schluss zu, dass bestimmte Grenzwerte der Leistungsfähigkeit auch mit bester Ausstattung und Training nicht überschritten werden können. Die Ursache dessen sind die oben genannten Grenzen der Anpassungsfähigkeit bestimmter Organsysteme.

7. Literatur

De Marées, H. (2003). *Leistungsphysiologie* (9.Auflage). Köln: Strauss.

Dickhuth, H.-H., Mayer, Röcker, K., Berg,A.(Hrsg.) (2007). *Sportmedizin für Ärzte*. Köln: Deutscher Ärzte-Verlag.

Grosser, M., Starischka, S., Zimmermann, E. (2004). *Das neue Konditionstraining für alle Sportarten, für Kinder, Jugendliche und Aktive.*München: BLV.
Markworth, P. (1997). *Sportmedizin*. Reinbek: Rowohlt.

Hohmann, A., Lames, M., Letzelter, M. (2007). *Einführung in die Trainingswissenschaft* (4. Auflage). Wiebelsheim: Limpert.

Lippi, G. Franchini, M., Salvagno, G.L., Guidi, G.C. (2006). Biochemistry, physiology, and complications of blood Doping: *Facts and speculation. Critical Reviews in Clinical Laboratory   Sciences,* 43 (4), 349-391.

Schnabel, G., Harre, D., Borde, A. (1994). *Trainingswissenschaft*. Berlin: Sport und Gesundheit.

Weineck, J. (2004). *Sportbiologie* (9. Auflage). Balingen: Spitta.

Sportsmotivation e.V. *Fettstoffwechseltraining im Fitness- und* Leistungssport. 10. November 2008, http://www.sportsmotivation.de/down/sport/info/sport/Fettstoffwechseltraining%20im %20Sport.pdf